Sonidos de mi Alma

Sonidos

de mi Alma

ALEXANDRA PARRA

Dedicatoria

Este libro de poemas y frases está dedicado a mi amor a la distancia, inspirado en una persona especial que llegó para quedarse en mi alma y en mi ser. Este ser maravilloso se llama Fari. Mi corazón le agradece a Dios y a la vida, porque el amor hacia él es infinito. No importa la distancia, porque aprendí a amarlo sin necesidad de tocarlo o verlo frente a mí. Nuestra historia de amor es maravillosa.

A ustedes, lectores: si tienen un amor así, que les haga soñar y cantar, que les permita sentir caricias sin tocar la piel, que les llene el corazón de felicidad y les inspire a escribir poemas y libros, sepan que en este mundo no hace falta más. Enamorarse siempre valdrá la pena, y aún más si es de la persona correcta.

Dime...

¿Cómo olvidar lo que no es recuerdo?
¿Cómo ignorar el dolor del adiós?
¿De qué sueños me aferro, de qué esperanza me sostengo,
si eres todo lo que tengo y todo lo que quiero yo?
Cada noche te sueño, en todas partes te veo,
eres lo que entiendo por amor.
Por más que medito, cuestiono y pienso,
no encuentro razón para alejarme de ti, mi sol.

Cuando casi te olvido y a mi soledad me enfrento,
apareces sublime en mis sueños otra vez.
Es un amor marchito lo que a solas siento,
una esperanza irreal de lo que ya no es.
Habré de olvidarte mañana en silencio,
curaré mis heridas con el vendaje del tiempo.

Pero mientras me hundo en esta soledad y en mi infierno,
al saber que no me quieres la mitad que yo te quiero,
seguiré amándote, aunque me duela y queme por dentro.
¿Dime, amor, cómo te olvido,
si cada noche en mis sueños te encuentro vivo?
¿Dime, amor, cómo enterrarte en el pasado,
si cada instante contigo aún lo siento a mi lado?

Quiero ser...

Quiero ser en tu vida, algo más que un instante,
algo más que una sombra y algo más que un afán.

Quiero ser, en ti mismo, una huella imborrable,
un recuerdo constante, una sola verdad.

Ser tu todo y por todo, complemento de ti,
una sed infinita de caricias y sonrisas,
pero nunca solo costumbre de estar cerca de mí.

Quiero ser en tu vida pena de ausencia,
dolor de distancia, eterna ansiedad;
algo más que una imagen, algo más que un ensueño
que, venciendo caminos, llega, pasa y se va.

Ser el llanto en tus ojos y la risa en tus labios,
ser el fin y el principio, la tiniebla y la luz,
en la tierra y en el cielo, en la vida y en la muerte.

Ser, igual que en mi vida, lo que has venido a ser tú.

Tu luz

*La luz que guardan tus ojos
ilumina mi alma y ser,
enciende un fuego callado
que quema mi piel al ver.*

*Tu mirada penetra
hasta lo profundo del corazón,
dándole esperanza y anhelo
a este nuestro amor en pasión.*

*Y ahora tu sonrisa... ¡qué maravilla!
curva fiel en tu rostro,
que me hace estremecer
cada vez que la veo a lo lejos.*

Te extraño...

¿Cómo tener paciencia,
si solo quiero amarte más y más?
¿Cómo no extrañarte,
si mis brazos te anhelan sin cesar?
¿Cómo esperarte,
si mis labios te necesitan ya?
Toda yo te espero,
porque mi corazón es impaciente.
Te extraño, mi vida,
tanto que sin ti no puedo ser feliz.

Añoranza...

Soñé contigo y desperté,
y aún estabas en mi mente.

Te abrazaba mientras lo hacía,
tus manos tibias me recorrían.

Tus besos los sentía,
y cerrando los ojos aún te veía.

Pero la realidad es injusta...
¿qué hay de malo en soñarte?
Ahí quería quedarme.

Desperté y mis lágrimas caían,
al saber que los pies en la tierra tenía.

Mi boca pronunciaba tu nombre,
pero no escuchabas, vida mía.

Cruel distancia, lejos estás,
pero tengo fe y esperanza cada día,
que al fin tus brazos me alcancen,
y tu amor y tus besos me llenen la vida.

Tu ausencia

Cada noche recé, mirando a las estrellas,
para que tu amor me regresara de ellas.

La luna, testigo fiel, veía mis lágrimas caer
por tu ausencia en mi piel.

Mi alma y mi ser no me pertenecían,
tú los tenías por completo.

A cientos de kilómetros,
tu día era mi noche y tu noche mi día.

La distancia efímera se burlaba,
y el tiempo no perdonaba.

Te quería en mis brazos,
y rogaba que nunca me olvidaras...

Mi querer

Quisiera no desearnos y desear no querernos más,
pero si me aparto de ti, sufriré sin mirar atrás.

¿Pero qué haré, si el sufrimiento es parte de mi amor por ti,
mi pena, mi pasión y mi sentir son fieles siempre a ti?
No puedo alejarme de ti...

¿Qué haré sin ti, si tú, mi caballero en penumbras,vienes y vas
sin saber cuándo volverás?
No es suficiente para este corazón frío,
necesita tu calor.

Fari, solo hacen falta tus besos para que mi alma sea feliz,
para que mi ser siempre tenga de ti la más dulce verdad.
Entonces, dime... si no vuelves, ¿qué haré sin ti?

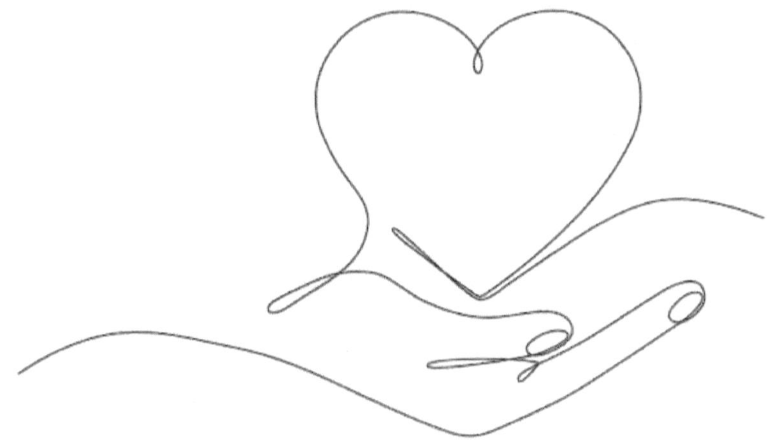

Tu mi caballero

Tu, mi caballero, ven a mí,
ven y nunca te alejes de mí.

Llévame en tu regazo
y guárdame en tu corazón.

Ven a mis brazos cada noche,
no te vayas jamás.

Ámame como el sol del atardecer
toca la tierra.

Ámame como las olas
acarician la arena y dejan su huella.

Hazme feliz, aunque sea a la distancia,
hazlo porque el tiempo pasa y no perdona;
no quiero que sea tarde.

Prometo quererte, soñarte, amarte,
sin dependencia, pero con libertad.
Mi caballero... ven a mí.

Tu piel con mi piel,
tu boca con mi boca,
tu corazón con el mío.

Acaricia todo mi ser,
recorre mis manos con las tuyas,
y tus pasos con los míos.

Bésame sin prisa, con calma,
y colma mi alma de dulzura.

Báñame con tu amor
en esta locura de sentirte.

Ya no puedo más
con este amor por ti,
en la soledad,
extrañándote cada vez más.

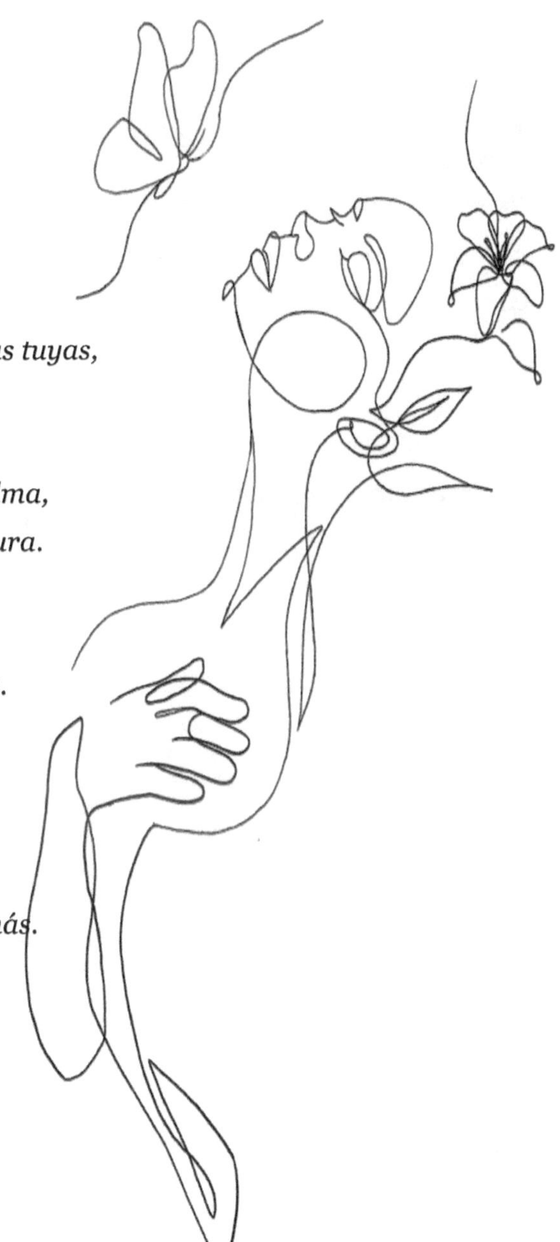

¿Pregúntame si te amo?

¿Pregúntame si te amo?
Si pudieras ver cómo te miro,
si pudieras sentir lo que siento
cada vez que me acerco a ti.

Si tan solo entendieras
cómo tu voz eriza mi piel,
comprenderías que para mí
amarte es un placer.

¿Por qué no amarte,
si mis manos tiemblan
al escucharte,
y mi corazón late
al mirar tus ojos cafés?
Mi alma sabe
que eres el amor de mi vida.

La distancia...

Aunque no te tenga cerca,
te pienso cada día.

Sé que nos separan millas,
pero amarte a distancia
me hace soñarte noche y día.

Siento tu alma aferrándose a la mía,
tu corazón uniéndose al mío
con un solo latido.

Y con tan solo una llamada,
tu voz llena mi alma.

Mi mundo se completa en armonía
contigo, mi amor soñado,
mi cielo despejado,
mi sol de eternos rayos.

Te quiero ahora en mis brazos.

Tú para mí...

Tu rostro es calidez,
tus ojos iluminan mi ser,
tus manos deseo en mi piel.

Enloqueces cada rincón de mi mente
día, tarde y noche.

Deseo amarte sin reproche.

Recuérdame y te recordaré,
ámame y te amaré,
deséame y te aseguro
que mi corazón arderá
y su amor te entregará.

Tu recuerdo...

Miro al cielo cada día
y me pregunto: ¿dónde estás, vida mía?

La mirada en el firmamento
con tristeza aguda,
mis lágrimas caían,
al saber que no estabas
y yo amándote en silencio.

El sol ya no entra por mi ventana,
los pájaros no cantan.
La oscuridad habita,
y mis pensamientos agonizan.

Mis noches torturan mi alma,
tus recuerdos la inundan
hasta no poder más.

Y ahora... ¿qué haré,
si me di cuenta
que me enamoré de ti?

El corazón...

¿Y si me preguntas por qué tú?
Pues simplemente, no sé... fue él.
Él, que no se deja gobernar.
Él, que repetidas veces te recuerda.
Él, que por más personas que se acerquen,
siempre te elige a ti.

Él, que insiste una y otra vez que tú eres su mundo.

Él, que se enamora de tu sonrisa, que se derrite viendo tu rostro,
que te imagina en un beso, y en tus brazos cálidos se ve a sí mismo.

Él, que desea tu calor, frágil ante ti, llora, pero se repone
cada vez que escucha tu voz.

Él no entiende de razones, es terco...
Entonces, si me preguntas a mí, no tendré la respuesta:
la respuesta la tiene él, porque sabe muy bien,
por qué te eligió a ti.

Sin ti...

¿Cómo puedo decirte que te extraño?
¿Cómo imaginarme sin ti?
¿Cómo vivir sin tu voz,
sin tu mirada,
sin quizá algún día tocarte o besarte?
¿Qué hago ahora sin ti,
con este mar de sentimientos,
con este amor que nace
desde lo más profundo de mi ser?
No sé cómo sanar,
no sé cómo olvidar,
¿cómo dejarte ir,
si mi pensamiento es solo tuyo?
Quise que fueras tú,
tan solo tú...
porque tu nombre está tatuado
en mi corazón.

Esta distancia...

Esta ausencia desgarradora
de no sentirnos cuerpo a cuerpo,
solo imaginándote,
como rozas mi piel.

Esta necesidad que brota y arde
cada vez que te pienso,
que quema como fuego,
porque tú no estás.

¿Cuándo será al fin nuestro encuentro,
para saciar la sed infinita
que el deseo nos consume
solo al pensarte?

Esta distancia no da tregua
entre dos corazones
que solo desean entrelazarse
y amarse hasta el infinito...

Eres...

Eres la luna que me atrapa cada noche,
resplandeciente, brillante, y llena de misterio.

Eres el firmamento en el cielo,
cada estrella reflejando tu luz en mí.

Eres el camino de amor y de luz
donde quiero perderme sin fin.

Eres la esperanza que abraza mi alma,
eres la lluvia, mi monzón de agosto.

Y si sigo describiéndote,
no me bastarían palabras ni sentimientos,
para expresar lo que significas para mí...

Como te ven mis ojos...

¡Si supieras cómo te ven!
Seguramente correrías a mí,
y cuanto más cerca estás,
más me enamoro de ti.

Si vieras mis ojos,
verías un amor sincero y creciente,
una pasión verdadera,
una ternura infinita,
un deseo que me consume,
y mi corazón gritando: "¡Te amo!"

Si tan solo lo vieras...
entenderías por qué mi fidelidad y mi amor
son solo para ti.

¿Qué tanto te amo?

Tanto como las estrellas en el universo,
tanto como el mar sobre la tierra,
tanto como los pensamientos de cada ser humano.
Tanto que me siento loca cuando no estás,
tanto como un agujero negro dices tú.
Tanto como para escribirte un libro,
tanto como cada poema inventado para ti.
Tanto como mi corazón palpita al escuchar tu voz,
tanto como para hacerte feliz y reír,
tanto como para cuidarte y extrañarte cada día.
Tanto que ninguna palabra alcanza,
pero hay una que lo resume todo:
¡TE AMO!

Te sueño...

Hoy te soñé,
escuché tu voz y desperté con lágrimas.
Se sintió tan real...

Sentí mi corazón afligido,
extrañando tanto esa voz.
Solo pedí a Dios que estuvieras bien.

Esta distancia me mata,
porque ya eres mi necesidad.

Quiero sentirte,
sentir tu calor en la noche fría,
compartir cada sueño contigo,
besarte y no olvidarte jamás...

La felicidad es...

Cuando no esperas una llamada
y de repente suena el teléfono.

Cuando te dice "te amo" sin aviso,
cuando arruga la nariz con ternura,
cuando te nombra su favorita.

Cuando sientes sus caricias a la distancia,
cuando tu alma vibra con sus palabras,
cuando sueñas un mañana juntos,
cuando tan solo las miradas
bastan para saber que se adoran.

Todo esto y más es felicidad...
porque tú eres mi felicidad.

Nunca esperas nada, pero darlo todo
por esa persona también lo es.
Y yo... quiero hacerte feliz.

¿Cómo sería sin ti?

Sería oscuridad,
porque tú le das luz a mi vida.

Sería tristeza,
porque tú le das alegría a mi alma.

Sería lluvia,
porque tu presencia es el sol de mis días.

Sería vacío,
porque tú das sentido a mi existir.

Sería cordura,
porque tú le das locura a mi razón.

Sería depresión,
porque tú eres la alegría de mi corazón.
Prefiero estar contigo que sin ti.

¿Cómo sería sin ti?

¿Cómo puede ser?

¿Cómo puede ser
que al ver tu foto,
tiembla mi alma y mi ser?

¿Cómo puede ser
que al escuchar tu voz,
mi corazón late derritiéndose de amor?

¿Cómo puede ser
que tus mensajes llenen mi alma,
y el sol brille tanto para mí?

¿Cómo puede ser
que, aun sin verte, sigas tan presente
en lo profundo de mi corazón?

Tu presencia en mi vida
ha sido mi salvación.

Hoy...

La luz del día atraviesa mi ventana,
algo que hacía tiempo no ocurría.

Con tu voz, mi vida se reactiva,
mis chacras se alinean,
la fe y la esperanza vuelven a mí.

Tan solo tu mensaje basta
para darme cuenta que solo contigo
la vida tiene sentido.

Alumbras mi camino,
el cielo está despejado,
el sol brilla,
y mi corazón late más fuerte por ti.

Como...

¿Cómo no buscarte si te extraño?
¿Cómo no escribirte si te pienso?
¿Cómo no soñarte si te deseo conmigo?
¿Cómo no amarte si te quiero?
¿Cómo no desearte si te anhelo?
¿Cómo no imaginarte si vives en mí?

Con tan solo una llamada...

Puedes transformar mi mal en bien,
hacer que mi corazón lata más fuerte,
que mi sonrisa no desaparezca,
que tus palabras se graben en mí.

Tu cariño llega hasta mí,
la distancia se acorta,
y tu deseo se conecta con el mío.

Tantas cosas con tan solo tu voz...

Soñé contigo...

Desperté y tú estabas en mi mente,
soñé cómo te abrazaba mientras dormía,

Tus manos recorriendo mi espalda,
tus besos que aún sentía,
cerré mis ojos y todavía te veía.

Pero la realidad, injusta y celosa,
me recordó que no estabas allí.

¿Y qué de malo hay en soñarte,
si ni el tiempo ni la distancia existen allí?

Mis lágrimas caían,
al saber que mis pies tocaban la tierra.

Mi boca pronunciaba tu nombre,
pero no me escuchabas, vida mía.

Cruel distancia, lejos estás,
pero tengo fe y esperanza
que muy pronto en tus brazos estaré,
y tus besos recibiré.

Algún día...

Algún día, cuando tu ausencia
ya no duela, estaré en tus brazos.

Algún día, cuando el tiempo se detenga,
me besarás sin límites.

Algún día, cuando mis besos sean tuyos,
mi corazón latirá más fuerte por ti.

Algún día, cuando sienta tu amor,
este sentimiento no terminará.
Te amo.

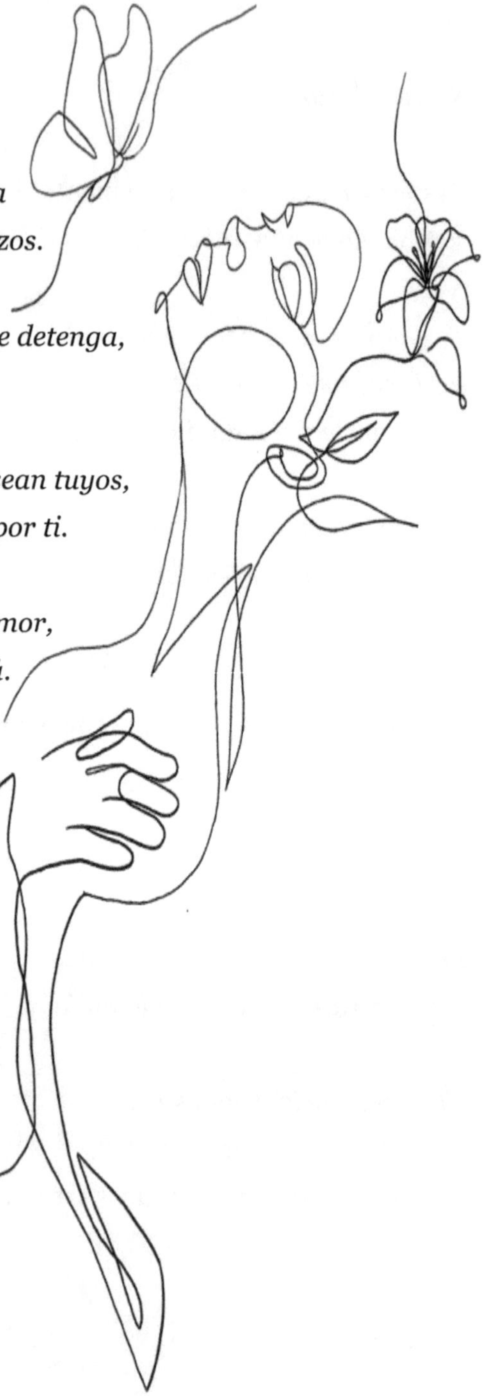

Que ganas...

Qué ganas de estar piel con piel,
de besar tu boca,
de amanecer a tu lado,
de mirarte sin límite.

Qué ganas de que me hagas tuya,
de acariciarte por completo,
de morder tu cuello.

Estas ganas y esta sed de ti
me desesperan cada día,
y solo imaginarte
me dan más ganas aún...

Me encantas...

¡Debo decirte que me encantas!
Tus labios suaves, tus manos,
tu piel canela que me enloquece,
tus ojos oscuros que me atrapan.

¡Oh! Y tu voz, que derrite mi corazón,
tus palabras, tu acento, tu amor.

Me haces sentir tu pasión,
tus caricias,
todo tú...

El trato...

¿Qué dices si hacemos un trato?
Yo te enamoro y tú te dejas amar.
Yo te quiero y tú me dejas querer.
Yo te acaricio y tú me miras,
yo te robo un beso y tú lo disfrutas.

Que la locura nos guíe,
que las caricias perduren en la piel,
y nuestro aroma quede en el recuerdo.
Amémonos sin control,
como dos amantes escondidos...

Me asusta, pero me gusta...

Me asusta este corazón,
que late más rápido por ti
cada vez que escucho tu voz.
Pero me gusta cómo lo haces palpitar.

Me asusta la locura que despiertas en mí,
¿habrá cura para tanto deseo?
Me asusta extrañarte,
porque mi necesidad por ti crece cada día.

Pero me gusta necesitarte,
imaginarte abrazándome
y besándome...

Si alguna vez te encuentro...

Me gustaría besarte sin límite,
abrazarte día y noche,
acariciarte,
ver tus ojos mirándome.

Sentir tus labios,
tus manos en mi piel,
escuchar tu voz en mi oído,
caminar de tu mano,
dormir en tu pecho.

Entrelazar tus manos con las mías,
sentir tus pies que me dan calor.
Si alguna vez te encuentro,
lo llamaría felicidad.

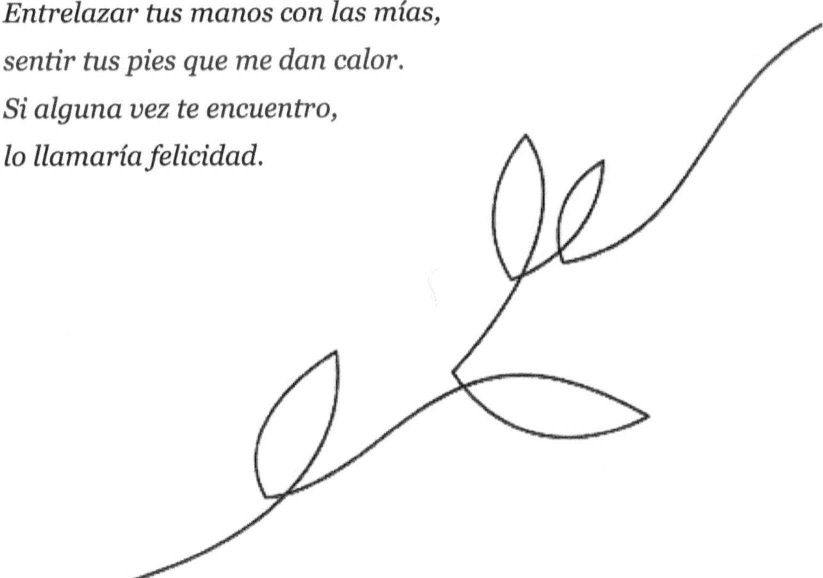

Cómo puedo...

¿Cómo decirte que te extraño?
¿Cómo imaginarme sin ti?
¿Cómo vivir sin tu voz, sin verte,
sin poder tocarte o besarte algún día?

¿Y ahora qué hago sin ti,
con este mar de sentimientos,
con este amor que nace del fondo
de mi corazón?

No sé cómo sanar,
no sé cómo olvidar,
no sé cómo dejarte ir...
Porque mi pensamiento es solo tuyo,
y quise que fueras tú,
tan solo tú,
tan profundo en mi alma
que no puedo arrancarte de mi ser.

La luna

Cada noche recé
mirando a las estrellas
para que tu amor me devolviera.

La luna, testigo fiel,
veía mis lágrimas caer
por tu ausencia en mi piel.

Mi alma no me pertenecía,
tú te habías robado mi corazón.
"Devuélvelos", decía,
pero no escuchabas mi voz.

A cientos de kilómetros,
compartíamos la misma luna;
tu día era mi noche,
mi noche era tu día.

La distancia se burlaba,
y el tiempo no perdonaba.
Quizá, cuando me pensabas,
la luna te susurraba
que nunca me olvidaras.

Te diría...

Te diría que te amo,
como el tamaño del universo,
pero es pequeño al lado
de lo que siento por ti.

Te diría que eres tan hermoso
como un atardecer,
pero tus ojos me ofrecen
la mejor vista: perderme en ti.

Te diría que te amaría por siempre,
pero la vida tiene un final.

Lo que sí sé es que mientras me ames,
viviré en tu corazón;
y aunque mi cuerpo no esté,
nuestras almas descansarán juntas,
sabiendo que nos amaremos por siempre.

Me enamoré...

Me enamoré de tu forma de ser,
tan única y tuya.

Me enamoré de tu voz,
dulce y que despierta los sentidos.

Me enamoré de tu rostro,
tu piel canela que me encanta.

Me enamoré de tu mirada,
bella y profunda, ojitos oscuros.

Me enamoré de tu sonrisa,
que me mata verla dibujada en ti.

Me enamoré de tus labios,
deseo eterno de besarlos.

Me enamoré de tus manos,
de tu tacto, de tu nombre,
que quiero susurrarte al oído...
Fari, mi amor.

Si mi vida estuviera escrita...

Si mi vida estuviera escrita,
borraría todo para comenzar
un nuevo libro contigo,
testigo de cada línea,
cada diálogo,
cada poema de nuestro amor.

Si lo escribiera en palabras,
mi tinta no alcanzaría
para describirte en millones de poemas.
Si lo demostrara con actos,
cada gesto, cada palabra
sería para ti, mi amor.

Y aunque no alcance,
infinitamente quiero mostrarte
el amor de mi corazón
con cada acto y palabra que nazca de mí
para ti.

Cómo...

¿Cómo no enamorarme de ti,
si mi corazón frío se derritió con tu amor?
¿Cómo no enamorarme de ti,
si el tiempo se detuvo el día que te conocí?
¿Cómo no enamorarme de ti,
si mis ojos se iluminan cuando sonríes?
¿Cómo no enamorarme de ti,
si mi corazón late con tu voz?
Y cómo no enamorarme de ti,
si escribí este poema para ti?

No me olvides...

No olvides aquel día que nos conocimos.
No olvides nuestro primer momento juntos.
No olvides nuestras risas,
los días que me consolaste,
nuestras discusiones y reconciliaciones,
el primer "te amo" que nos dijimos.
No olvides nuestras largas conversaciones,
mis ojos mirándote,
y sobre todo, no olvides a esta tu loquita
que siempre te amará.

Te amo...

Te amo, palabra corta
para un sentimiento infinito.

Te amo con intensidad,
sin prisa, pero sin pausa.

Mírame a los ojos,
reflejan el brillo que me das.

Te amo por todo lo que eres,
por todo lo que me haces sentir,
y porque robaste mi corazón.

Gracias a ti,
sé lo que significa amar de verdad.

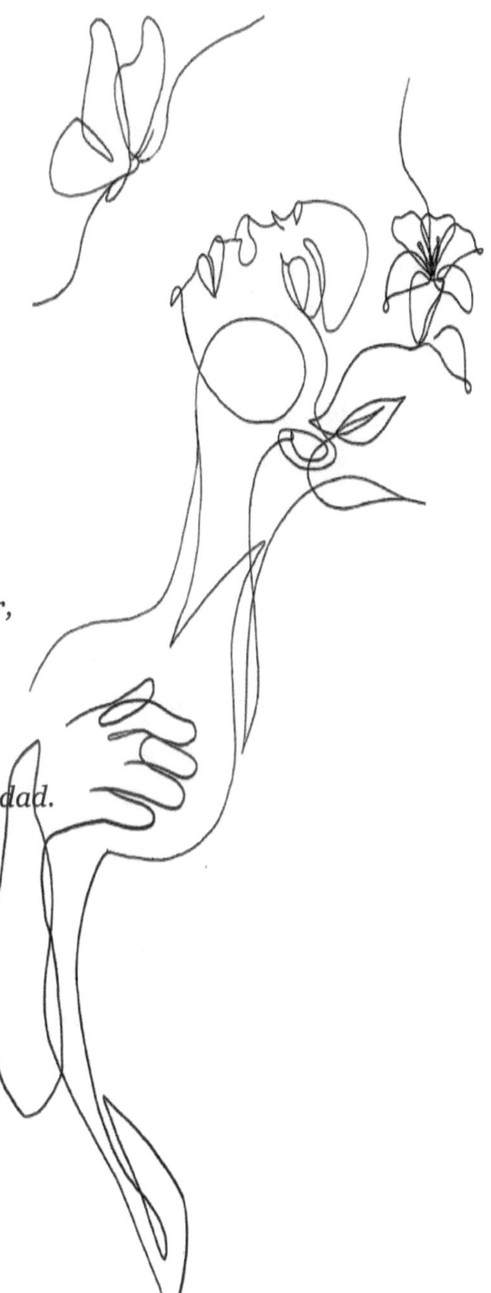

Mi alma...

Si pudiera regalarte mi alma,
cuidaría tus sueños con amor.

Iluminaría tu mirada
como un sol brillante.

Alejaría tu dolor,
te daría felicidad.

Moriría por ti,
para que cada día estuvieras bien.

Si pudiera regalarte mi alma,
ella se quedaría contigo por siempre.

Un amor sincero es.

*Cuando amas a alguien
con todo tu corazón.*

*Es incondicional cuando
amas sin esperar nada a cambio.*

*Es verdadero cuando no
tiene límites ni condiciones.*

*Es un amor que simplemente
existe, sin importar lo que suceda.*

*Amar es amarte
por quien eres realmente,
tal y como eres,
sin cambiar absolutamente nada.*

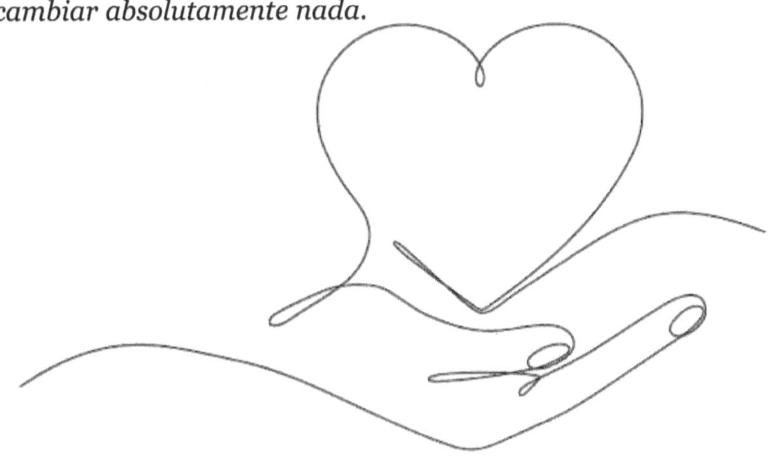

Te quiero a ti...

*Te quiero a ti con tus miedos
y con tus fuerzas.*

*Te quiero a ti con tus
inseguridades y debilidades.*

*Te quiero a ti y a tu sonrisa,
también tus lágrimas.*

*Te quiero a ti y a tu voz,
y a tu silencio.*

*Te quiero a ti en este instante,
Con tus días buenos y malos.*

*Y quiero despertar en tus brazos,
mirando tus hermosos ojos.*

La Magia.

Magia es ver a través de tus ojos
y sentir que llenas mi alma.
Porque tu amor es magia,
despiertas todos mis sentidos.

Es tan hermosa tu magia que,
a pesar de la distancia,
siento tus caricias,
el roce de tu piel.

Haces magia cada vez que escucho tu voz,
Llega a lo profundo y me hace estremecer.

Eres magia,
porque nuestra conexión supera
los kilómetros que nos separan.

Tu amor es magia,
me haces soñar
con nuestro mundo ideal..

Cuando te digo que...

Yo te amo más.
No me refiero a que te amo más
de lo que tú me amas,
sino que te amo más
que a los días malos que hemos pasado,
más que cualquier pelea absurda,
más que cualquier malentendido.

Te amo más,
aunque la distancia nos separe.
No te amo por lo que me puedas dar,
te amo porque quiero amarte
desde mi libertad.

Sabes...

¿Sabes por qué te elegí a ti?
Porque en ti veo cosas
que en nadie más encuentro.

Me enamoré de ti, por tu alma,
tu ser, tu espíritu.

Te elegí a ti
porque mi corazón lo dictó.

Te elegí a ti
porque nadie me mira como tú lo haces.

Te elegí a ti
porque me haces sentir especial.

Te elegí a ti
porque siento tus caricias a la distancia.

Te elegí a ti
porque quiero amarte,
y amarte tanto, tantísimo.

Tú...

*Tu mirada me hace ver
más que el universo,
todas sus estrellas
y todas sus galaxias.*

*Tu sonrisa brillante y resplandeciente
me hace sentir
como en un cuento de hadas.*

*Tu voz melodiosa
es música para mis oídos,
la nota perfecta
para mi alma.*

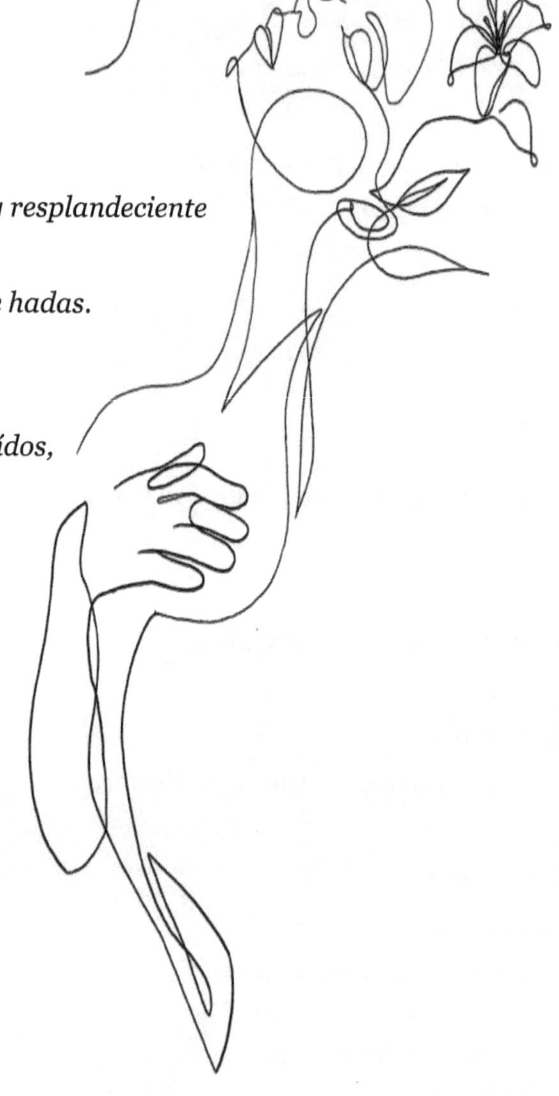

Quiero...

Quiero mañanas contigo y café, noches abrazándote,
tardes de domingo a tu lado.

Sí... eso quiero: tu aroma en mí.
Quiero que vayamos juntos de la mano,
que nos amemos con nuestras imperfecciones,
con todas tus guerras ganadas o perdidas.
Sí... eso quiero: estar ahí contigo.
Te elijo a ti.

Sí... a ti, para enamorarme de ti hasta perder el miedo.
Eres mi ayer, mi hoy, mi mañana.
Te amo, nunca lo dudes, contra todo pronóstico,
con errores, tormentas, manías.

A veces tocando el cielo a besos y caricias,
otras, con un poco de miedo en el alma.
Y entonces quedarnos para siempre,
defendiendo el amor que nos une,
sin importar la tormenta, siempre juntos.
Sí... eso quiero.

Muchos dicen te amo.

Pero yo a ti te digo...
Te abrazaré hasta que entiendas
que lo que yo quiero contigo
son las cosas que no tienen fin.

Te besaré hasta que entiendas
por qué mis labios te eligieron a ti
y por qué me gusta estar ahí.

Te acariciaré hasta que entiendas
por qué mis manos no dejarían de hacerlo.

Te miraré hasta que entiendas
por qué mis ojos se iluminan
cada vez que te veo.

Y así entenderás que simplemente
te amo sin decirte "te amo".

¿Sabes qué es el amor?

El amor es cuando no sabes
por qué quieres a esa persona,
pero sientes que la quieres a tu lado
24/7, 365 días.
El amor no es solo deseo de acostarse,
es el deseo de dormir junto a alguien.
Amor es eso que no puedo explicar,
eso que siento por ti,
eso que me hace tan feliz.
Amor es ser feliz solo con pensar
que voy a escucharte o verte.
Amor es hablar contigo horas y horas
y sentir que apenas nos separamos.
Extrañarte con locura.
Amor es ver cualquier cosa y recordarte,
pensar en ti y salir corriendo a buscarte.
Amor para mí eres tú:
tu nombre, tu voz, tu mirada,
tu rostro, tus labios, tus manos,
todo de ti para mí es amor.

Tus ojos bonitos...

Cuando veo tus ojos me encanta
y quiero perderme en ellos.

Cuando veo tus ojos me dan paz
y no quiero dejar de mirarlos.

Cuando veo tus ojos, siento
un amor profundo por ti.

Cuando veo tus ojos, el tiempo se detiene
y mi alma se regocija en ti.

Cuando veo tus ojos, todo mi ser
anhela tenerte frente a frente.

Cuando recuerdo tus ojos, mi corazón se encoge,
porque la distancia entre tú y yo
me recuerda cuánto te extraño.

Déjame.

Llegué tarde para ser tu primer amor,
pero déjame ser el último.
Déjame cuidarte y demostrarte
que no todas somos iguales.
Déjame borrar tus heridas del pasado
y quitar todos tus miedos.
Déjame darte todo el cariño y amor
que mereces.
Mereces que te ame como yo lo hago.
Mereces que te adoren por lo que eres.
Mereces que te quieran cada parte tuya
tal como eres, sin cambiar nada.
Mereces caricias, pasión y fidelidad.
Déjame ser esa persona que te dé
esto y mucho más.

Te confieso un secreto:
no le digas a nadie que te amo,
que me encantas, que estás en mi mente día y noche.

No le digas a nadie que rezo por ti
y pido por tu salud y bienestar.

No le digas a nadie que deseo tus caricias
y anhelo ser tocada por tus manos.

No le digas a nadie que sufro en silencio
por tu ausencia,
ni que amo tu nombre
porque me trae alegría y hace mis días felices.

No le digas a nadie que sueño con despertarme
cada mañana en tus brazos.

Pero sobre todo,
no le digas a tu corazón
que está loca de amor por ti,
te espera y esperará
hasta que ese sueño se haga realidad.

Nuestra conexión.

Nuestra conexión traspasa continentes,
no tiene límites.

Nuestra conexión va más allá del tacto,
más allá de la piel.

Nuestra conexión es tan fuerte
que sentimos las caricias sin tocarnos,
los besos sin besarnos,
la pasión sin rozarnos.

Nos imaginamos sin vernos,
como un black hole... infinito.

Te quiero mucho.

Te quiero mucho, te amo tanto,
y te adoro demasiado, de una forma tan especial
que, entre todas las formas de amar, yo elijo darte:
paz, ternura, tiempo, risas, no huir de los defectos,
sino ser parte y tomar tu mano
para ayudarte a superar tristezas y fracasos,
limpiar tus lágrimas cuando la vida te las provoque.

Entre tantas formas de amar,
elijo darte un amor que te construya desde el alma,
quedarme a tu lado y amarte sin miedo ni medida,
que sientas que estás en un verdadero hogar
donde se ama con hechos, no solo palabras.
Porque cualquiera puede hablar,
pero estas ganas de tenerte cerca de mí
y hacerte sentir lo que mi corazón y mi ser te quieren dar,
son únicas para ti.

Abrazarte...

Abrazarte en mis mañanas de frío,
abrazarte cada parte de ti.

Abrazarte en cada presente y cada futuro,
sin importar el pasado,
sabiendo que estás para mí y yo para ti,
en el sosiego de la noche y la oscuridad,
en tu vida y en la mía.

Te amo...

Te amo y no necesito verte,
tocarte o sentirte,
para sentir este amor
mientras estamos alejados.

A la vez, estamos juntos,
porque nuestras almas
siempre estarán
juntas, bailando bajo la lluvia.

Siempre nos extrañaremos
a la distancia,
porque en nuestro recuerdo
estás tú y estoy yo.

Eres todo para mí...

Definitivamente lo eres.
Y así como tantas cosas mágicas en este mundo,
ese sentimiento no tiene explicación lógica.

Eres todo para mí porque provocas en mí:
ternura, cariño, admiración, caricias,
amor, felicidad, pasión, deseo...
todo es todo.

Eres todo para mí porque
me siento en paz contigo,
me siento plena y feliz.

Eres todo para mí porque
adoro tus ojos, tus labios,
tu sonrisa, tu voz...
¡Wow! Esta voz tuya me mata,
me gustas muchísimo,
demasiado, tantísimo.

Eres todo para mí porque
puedo ver tus defectos, cualidades y miedos,
y aun así te amo
y necesito estar junto a ti.

Existen cosas bonitas...

Existen cosas bonitas en el mundo:
casualidades inesperadas,
lugares inolvidables, paisajes bellísimos...
y luego estás tú.

Una constelación en mi mundo de oscuridad,
tú, con esa sonrisa perfecta
y esa ternura
que me enamora y provoca
tormentas de felicidad.

Te pareces a mi poesía:
dulce, apasionado y muy romántico.

Te pareces a la magia:
inesperado, sorprendente, fantástico.

Te pareces al fuego...
No te diré por qué,
pero me quemaría en ti.

La noche fría...

Esta noche es fría,
tan fría que necesito tu calor.

Esta noche miro por la ventana,
y la niebla espesa
dibuja tu rostro.

Esta noche miro las estrellas
y me pregunto
cuándo vendrás.

Esta noche necesito tu calor,
ven pronto; mis brazos
están abiertos.

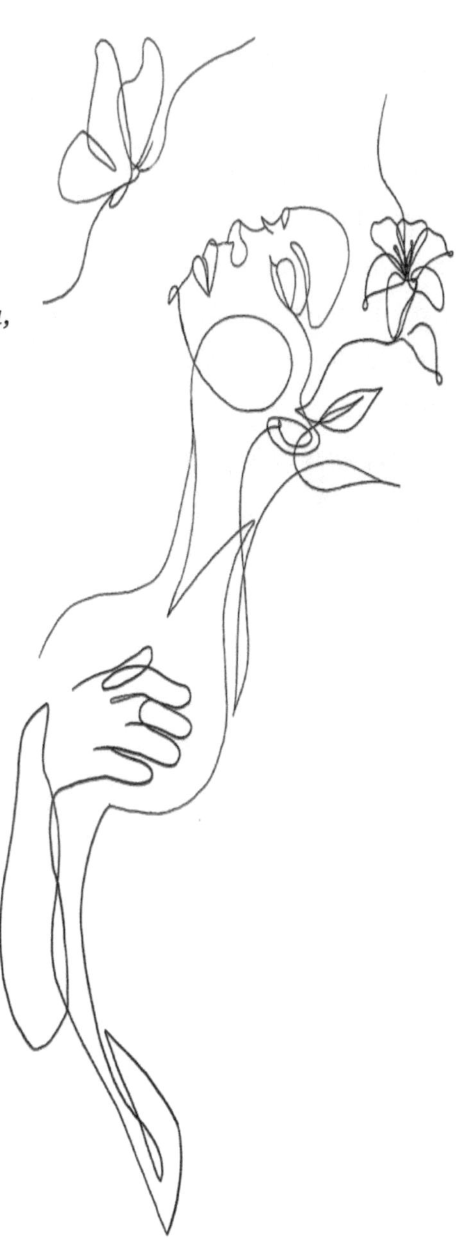

Eres...

Eres todo lo que anhelo
Eres todo lo que quiero.
Eres lo que siempre soñé.
Eres el mejor regalo que cayó del cielo,
y no cambiaría el día ni la hora
en que te conocí.
Porque eres todo para mí.

La lluvia...

Hoy desperté y vi por la ventana:
estaba lloviendo,
y me acordé de ti,
porque sé que te encanta.

Al mirar el cielo pensé
que podríamos tú y yo estar bajo esas gotas,
el agua cayendo sobre nuestros rostros y manos,
congeladas, pero dándonos
un hermoso beso de amor.

Nuestros corazones
bailando bajo la lluvia,
en armonía, cuerpo a cuerpo, tú y yo.

Te extraño...

Te extraño tanto, mi amor,
y por más que intente distraerme con otros pensamientos,
tú siempre apareces en mi mente.

Mis ojos.

Mis ojos, sin tus ojos, no son ojos,
son vacíos sin verse;

mis manos, sin las tuyas,
sufren la intratable crueldad del destino.

No encuentro otros labios como los tuyos,
que me llenan de dulces campanarios;
sin ti, mis pensamientos son calvarios,
angustia y extrañeza que nunca olvido.

No sé qué es de mi oído sin tu acento,
ni hacia qué polo voy sin tu estrella,
ni mi voz sin tu trato.

Persigo los olores de tu viento
y la olvidada imagen de tu huella,
que en ti principia, amor,
y en mí termina.

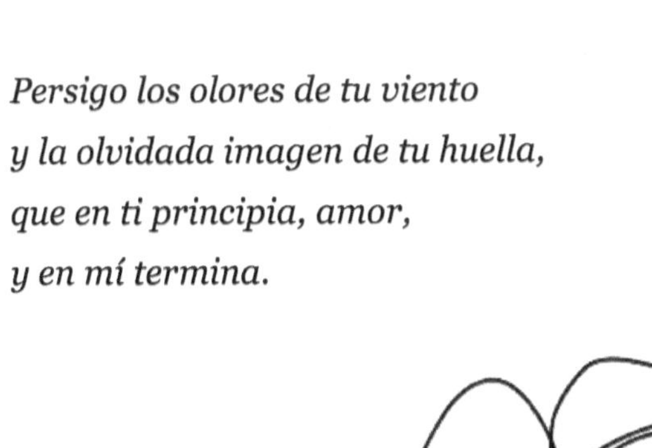

El Deseo...

Aquí un nuevo día sin ti,
un día donde deseo
nuevamente verte.

Un deseo de mirarte horas,
donde el tiempo se detenga,
donde observe el brillo
que me dan tus ojos,
donde sienta esa paz
que me das cada vez que te miro.

Esa paz donde quiero estar,
esa paz que solo tú me transmites.

Ese deseo de tenerte en mis brazos,
meterme por la pantalla
y estar allí por horas
en tus cálidos brazos.

Cuánto quiero...

Cuánto quiero, mi amor,
verte.

Cuánto quiero abrazarte
y besarte.

Cuánto quiero tenerte
en mis brazos y no soltarte jamás.

Cuánto quiero despertar una mañana
y verte ahí a mi lado.

Cuánto quiero verte horas,
sin límite, tocando tu rostro.

Cuánto quiero que al fin
nuestra distancia solo sea
a unos centímetros de ti.

¿Bonito?

Bonito es que tú estés en mi vida...
Bonito es saber de tu existencia...
Bonito es recibir tus mensajes cada día...
Bonito es tener tu confianza...
Bonito son tus ojos...
Bonito sería estar en tus abrazos...
Bonito sería sentir tu piel...
Bonito sería besarte sin límite...
Bonito sería encontrarnos...
y bonito sería ser tu amor
para toda la vida.

La forma...

La forma en que me miras es única,
esa mirada que en el interior del iris
muestra brillo, esperanza y fe
hacia mí...

La forma en que me miras me hace estremecer,
penetra cada fibra de mi corazón...

La forma en que me miras, tan hermosa y profunda,
me hace perderme en el negro de esos ojos...

La forma en que me miras me hace soñar
de una manera que ni te imaginas...

Tu voz...

Si tan solo escuchara tu voz...
Si tan solo escuchara tu voz,
harías mi día feliz,
mi sonrisa nunca se iría.

Quiero escucharte horas
sin parar, porque esa voz
es melodía como el ruiseñor.

Esta voz que eleva mis sentidos
y me hace imaginar caminar
entre notas melodiosas del amor.

Mi vida sin ti...

La vida no tiene sentido sin tu amor;
la tristeza inundaría mi alma,
y los días grises perderían color.

Mi alma sentiría soledad,
mi piel extrañaría tu ausencia,
el sinsabor de esta necesidad.

Mi ser no sería completo;
el vacío profundo dejarías,
porque te llevo en mi pecho
como un tatuaje imborrable.

Entonces, no me faltes,
porque no resistiría
si ya me haces falta
con tu amor a la distancia.

Te propongo...

Hagamos el amor,
rozando la piel,
saciándonos de caricias y besos.

Piel con piel, ahogándonos
en nuestros pensamientos de placer,
mirémonos con deseo,
pero con amor profundo.

Disfrutémonos cada parte, cada centímetro,
no dejemos nada pendiente,
embriaguémonos de besos,
bebámonos la miel que brota de la piel.

No quiero...

No quiero abrazos,
quiero tus abrazos.
No quiero besos,
quiero tus besos.
No quiero un amor,
quiero tu amor.
No quiero a alguien,
te quiero a ti.

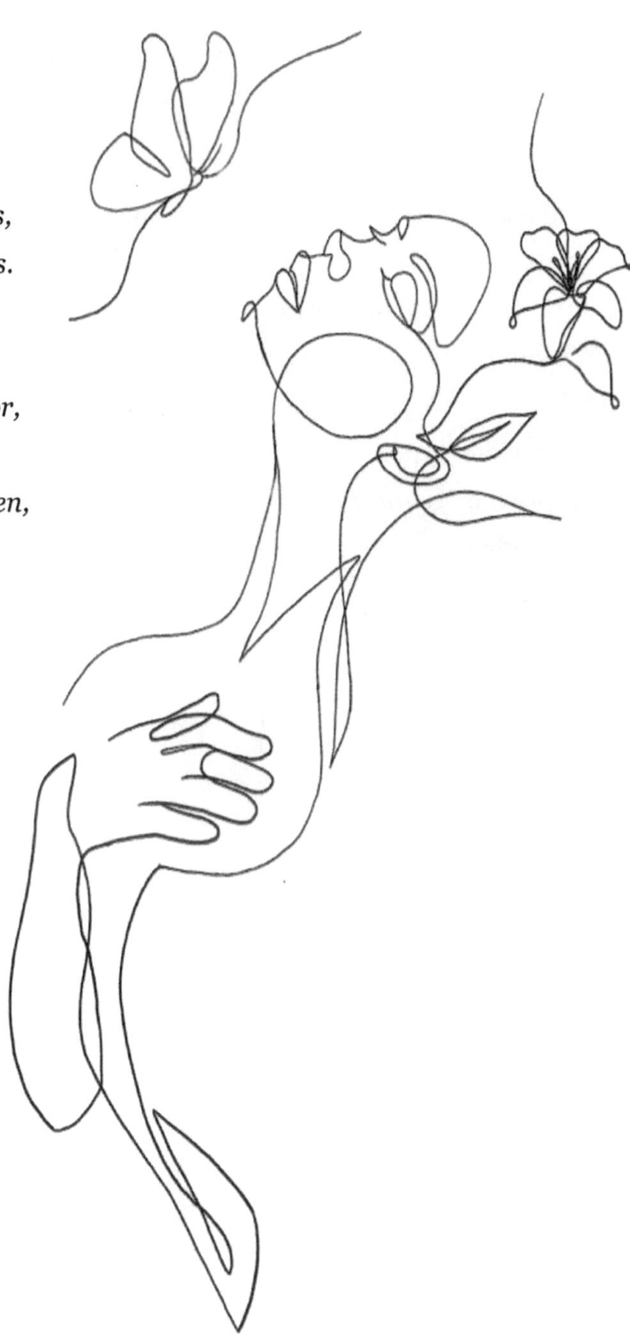

Te Elegí a Ti.

Te elegí a ti porque eres la persona que me hace feliz.

Porque eres la persona que que siempre ocupa mis pensamientos.

Por ti me atreví a decir todo lo que sentía.

No me importó nada ni nadie más.

Porque eres tú quien me deja pensando

durante todo el día.

Siempre me pregunto:

¿Qué estás haciendo?

¿ Dónde estarás?...

Eres tú, la persona por la que muero por abrazar.

Promesas en Esta Vida.

Si en esta vida te encuentro...
prometo amarte con libertad,
amarte desde el fondo de mi alma.

Te prometo hacerte feliz mientras estés en mis brazos.
Te prometo que, si te encuentro en esta vida,
te daré mis caricias, mi corazón y mi ser.
Si Dios lo permite, así será...

Pero si no te encuentro,
tan solo quiero tu felicidad, tu éxito
y que tus sueños se hagan realidad.

Si no te llego a encontrar,
tendré la certeza de que, quizá en otra vida,
si la hay, te buscaría nuevamente
y me enamoraría de ti.

No cabe duda que te buscaría,
te encontraría y te amaría otra vez.

Te Amo.

A veces las dudas llegan a mi mente
y quiero alejarme de ti, para que seas feliz.
Quizá encuentres a alguien más cerca
y puedas tener lo que tanto deseas.
No soy perfecta, y quizás la quieras.
Quizá en tu mente tienes otros planes y yo estoy interfiriendo.
Sé que te amo y es un amor incondicional.
Día tras día intento hacerte feliz;
por mi mente pasan hermosos pensamientos
de cómo puedo ser especial y sorprenderte cada día.
Pero el amor y el interés tienen que ser de dos, algo mutuo.
Juro que quiero encontrarte, abrazarte y amarte siempre,
pero eso es lo que yo quiero... no sé tú.

Escribiéndote Lento.

Decidí hoy escribirte muy lento,
para que no se caiga ni una sola letra de esta hoja.

Tal vez porque me gustaría encontrar
la forma más perfecta para contarte cómo,
desde cuándo y cuánto te amo.

Quizá busco llamar tu atención como nunca,
o invocar a los ángeles del amor...
...que puedan estar deambulando aquí en la tierra,
junto a ti o junto a mí,
para escucharme hablar de ti,
o de nosotros, tal vez para impresionarlos.

Cariño Mío.

Mis pensamientos por ti son más fuertes que yo,

a veces me ordenan que no te olvide ni un solo instante,

y es que no puedo ni siquiera una milésima dejar de pensarte.

Porque tú eres esa inspiración día tras día,

cuando quiero por un segundo dejar de hacerlo,

resultas tú pasando por mi mente para quedarte todo el día.

Eres veloz al quedarte allí sin previo aviso;

eres prácticamente dueño de mi mente y mi recuerdo.

Y entonces yo te imagino y abrazo tan fuerte,

dándote un besito en tu boquita,

a ver si de tanto que deambulas en mi mente

al fin se hace realidad.

Un Sueño Contigo.

Cada día contigo se siente como un sueño.
Sin importar dónde esté, con quién esté,
a dónde vaya o lo que haga,
te pienso y suspiro durante el día.

En mi noche, tú eres el último pensamiento
con el que voy a dormir cada noche,
y en mi mañana eres el primer pensamiento
con el que despierto.

Te amo, te amo tanto, mi vida,
porque te tengo a ti.

Recuerdos y Fantasías.

Fantasea con mi recuerdo en las noches,
mientras memorizas el olor que aún guardas entre tus manos.
Ámame a escondidas, haz que nuestras almas se unan y
seamos uno al fin.
Entre sabanas imagina
tu roce en mi piel con tus labios.

Deja que la rutina se rompa,
róbame las horas y detén el tiempo.
Bésame como lo deseo.

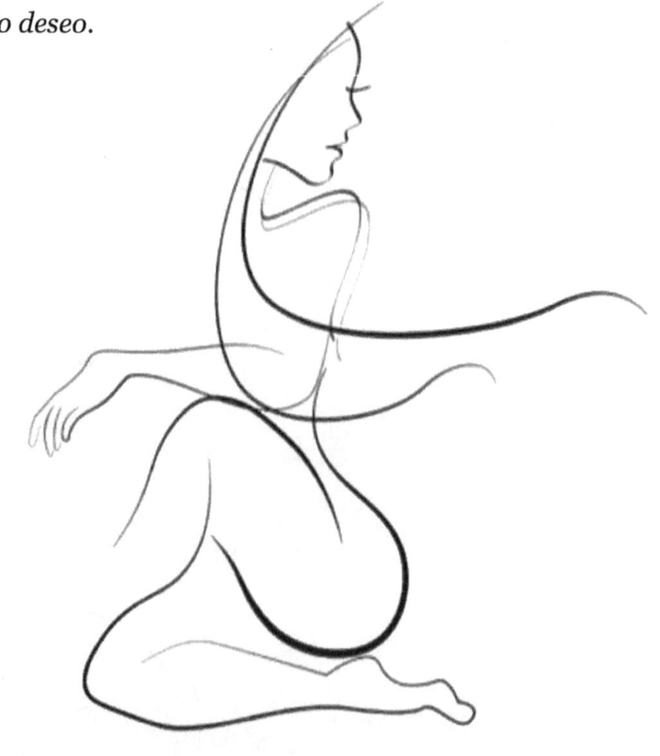

Tiempo Contigo.

Diez minutos más para mirarte,
cinco minutos para acariciarte,
tres minutos más para acercarme y
pedirte al oído que me abraces.
Un minuto más para decir que te amo.
Un reloj conteniendo todo el tiempo
para vivir a tu lado, sonreír a tu lado,
aprender a tu lado.
El tiempo ha dejado de ser únicamente el tic-tac
que atraviesa el espacio.
Ahora eres tú; somos nosotros.
Dos en uno, uno en uno.
Sin pausa, sin prisa.
Despiertos.

Esa Voz Inolvidable.

Escuchar de nuevo aquella voz en mi teléfono
hizo estremecer mi corazón; cada latido se aceleró.
Volví a escuchar esa tu inolvidable voz.
¿Pero era la misma voz? La que ayer me dijo: "¡Te amo! ¡Te
extraño!"
Era la misma, igual que siempre, pero diferente:
le añadiste un "te quiero muchísimo",
un "te adoro demasiado" y un "te amo tanto".

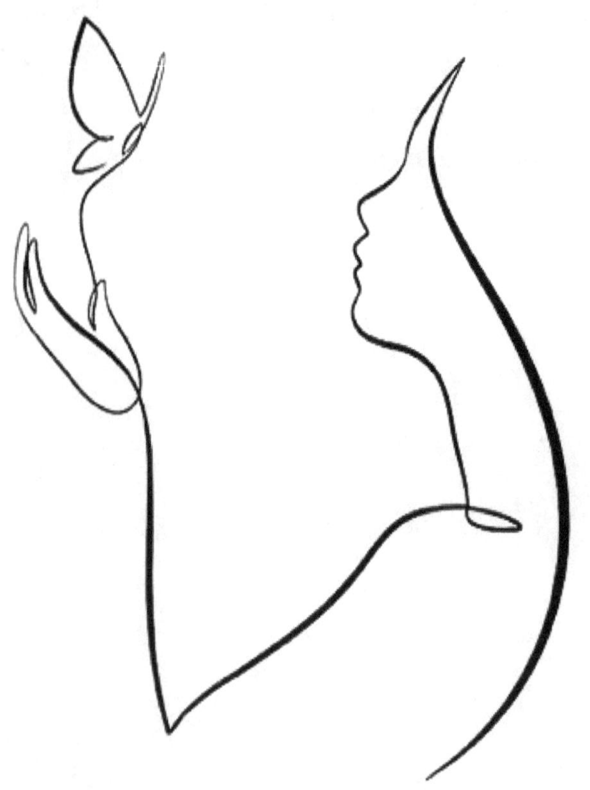

Intentando Expresarlo.

Quisiera escribir un poema que encierre lo que siento por ti.
Descifrar este teorema es inútil, incluso para mí.
Voy nuevamente a intentarlo, aunque mi intención pueda fallar.
Y aunque tu amor no lo merezca, este intento de poema
es explícito, sencillo y claro. Lo puede entender todo el mundo,
los ignorantes, los letrados y los soñadores.
Tal vez empiece diciendo: "¡Te quiero!",
y continúe diciendo que te adoro, aunque nada nuevo contaría.
Podría describir el paisaje, como lo han hecho poetas cada día,
o pormenorizar tus ojos, allí me perdería.
El problema es que horas pasaría intentando descifrar
lo que dicen tus ojos, para poder expresar lo que siento.
Saber lo que dicen tus ojos es como especificar mi amor por ti,
si tan solo calmaras mis antojos, podría expresarlo de verdad.
Con tus ojos parece que me lo dices,
como yo también lo siento, pero con miedo de decirlo.
Atrévete, ámame, aunque yo no sea perfecta.

Extraño...

Extraño tus ojitos mirándome fielmente,
y suspirando al verme hablar.

Extraño tus caricias a la distancia,
llenas de ternura.

Extraño tu piel, ese tono canela que me encanta,
y tu voz... esa voz que me hace imaginarte cerca
y que nunca olvido.

Extraño tus palabras, tu acento,
ese que me enamora cada vez más.

La Distancia.

Estar tan lejos de ti es un sufrimiento constante.
Desearía abrazarte todo un día sin límite,
besarte suavemente para que el tiempo no corra tan rápido,
saborearte,
hacer que los días fueran infinitos a tu lado.
Me haces falta...

Vivir eligiéndonos.

Te vas a desenamorar de mí muchas veces... y no importa.
Yo no quiero que estés enamorado de mí siempre.
Quiero que vivas eligiéndome a mí,
aunque estés de mal genio, triste o agotado.
Y cuando al final del día me mires, le digas a Dios:
"Señor, no sé cómo, pero es ella y la elijo mil veces a ella".

Lindo Sería...

Sería lindo ir a abrazarte y besarte ahora,
en vez de revisar si tengo mensajes tuyos.

Sé que esta distancia algún día pasará,
y muy pronto estaremos juntos.

Perderme Contigo.

Quiero perderme contigo,
en donde nadie nos pueda encontrar, solo tú y yo.

Quiero perderme en tus ojos y en tu sonrisa,
en tus labios y tus abrazos,
en tu manera de mirarme y amarme.

Quiero conocer tu alma y tu ser.
Vamos a perdernos para encontrarnos,
para vivir y sentir.

Vamos a perdernos en la playa o en otro país,
donde sea, pero que sea contigo,
donde nadie nos conozca, solo tu amor y el mío.

Porque sé que si me pierdo contigo, siempre encontraremos el camino de vuelta.

Siempre Contigo.

No puedes verme, pero estoy aquí.

Sin importar dónde estés o dónde vayas,

estaré contigo. Siempre.

Porque mi amor por ti es inmenso, tanto como este universo.

En cada rincón yo estaré contigo;

mi alma y mi ser son tuyos,

y mi corazón siempre tendrá tatuado tu nombre.

Mis pensamientos siempre te acompañarán.

Deseo de Cercanía.

No tienes idea de lo que daría por atravesar esa pantalla
que a diario nos separa.
Cuánto daría por estar ahora a tu lado y abrazarte.
No logras imaginar cuánto deseo
estar al menos una hora contigo, o tan solo un minuto.
Esta distancia me vuelve loca y me hace quererte aún más,
tenerte en mis brazos.
El tiempo no importa; lo que importa es estar contigo.

Eres un Regalo.

Me da miedo perderte, porque llegaste sin avisar, sin esperarte.
Te colaste en mi vida como si siempre hubieras estado allí.
Sigo atónita, preguntándome qué viste en este corazón
para querer quedarte a su lado.
Pero doy gracias al destino y a Dios,
porque sin planearlo comenzamos a amarnos.
Eres vida, eres luz en mi oscuridad,
eres la puerta al final del laberinto.
Eres la persona que me hace mejor cada día.
Por eso y mucho más, te amo.

Lejos, pero Cerca.

Lejos de mí, pero no de mis pensamientos,
nadie podrá borrar el amor que siento por ti.
Si me ves en alguno de tus pensamientos,
por favor abrázame, porque te extraño, amor mío.

Al Fin Te Encontré.

Al fin te encontré, al pie de mi cama.
Mi oración se elevaba, y al otro lado estabas tú.

Donde rezaba, Dios escuchaba;
tus oídos atentos sin saberlo, apareciste aquella vez.

Saludé como se suele saludar,
pero fuiste tan especial que no pude negarme.

Desde allí, mi alma sintió algo por ti,
y ahora no dejo de pensar en ti.

Te encontré; qué hermosa casualidad eres y serás.
Al fin me siento en paz,
porque encontré lo que a mi alma y corazón le faltaba.

Mi Alma.

Mi alma, presumida, te ama constantemente.
Ella no se llenaba con nadie ni con nada,
y desde que estás, ya tiene límite.
Porque desde que apareciste, todo lo llenaste.
Mi alma está conectada a tu ser y tu amor,
y eso me encanta.

Tu Amor.

Si pudiera describir tu amor...
Tu amor me hace bien.
Tu amor me hace feliz.
Tu amor me llena el alma.
Tu amor no me limita.
Tu amor me hace fuerte.
Tu amor me hace paciente.
Tu amor me lleva al cielo.
Tu amor me quema la piel.
Tu amor me hace pensarte.
Tu amor más que mi anhelo, mi regalo, mi bendición.
Es tanto que no me alcanzan las palabras
para describir lo que tu amor me causa.

Contra la Distancia.

Si tan solo la distancia no fuera impedimento
para abrazarte, sentirte y amarte,
yo te amaría con todo mi ser.
Si tan solo la distancia no fuera cruel
y el destino nos reuniera,
te juro que te haría el más feliz.
Pero doy gracias a la distancia,
porque sin sentirte o tocarte, te amo cada día más.
Y me hace esforzarme para ir hacia ti cada vez más.
Sueño con nuestro primer encuentro
y cómo nuestras miradas nunca más se separarán.
Te adoro...

Amarte Más.

Hoy decidí amarte más, mañana y siempre.
Pero si te digo que el "siempre" no existe,
y el mañana se desconoce...
En mi oído escuché ya tu respuesta.
Así que yo te amo hasta el infinito,
porque no tiene límite.
¿Sabes por qué?
Porque no tiene un final.